Für ....

Von ....

Herzlichen Glückwunsch zur
Goldenen Hochzeit!

GOLDENE
1972 – 2022
HOCHZEIT

Pattloch

1972 – Ihr heiratet

FÜNF GEMEINSAME JAHRZEHNTE

Über ein halbes Jahrhundert lang seid ihr bereits ein Paar – ein beeindruckender Meilenstein! Als ihr euch vor 50 Jahren das Jawort gebt, ist Willy Brandt Bundeskanzler und wird es nach einer verneinten Vertrauensfrage und vorgezogenen Neuwahlen im November erneut. Im Weltraum geht eine kurze Ära zu Ende: Im Dezember betritt vorerst der letzte Mensch den Mond. Und während ihr eurem großen Tag entgegenfiebert oder euch in eurem neuen Alltag einrichtet, singt Tony Marshall: „Komm gib mir deine Hand."

Wie gut könnt ihr euch an die Ereignisse eures Hochzeitsjahres erinnern? Wisst ihr noch, welche Filme ihr im Kino gesehen habt, welche Lieder im Radio liefen und sich als Ohrwurm in eurem Kopf festgesetzt haben und welche Fernsehfilme euch gefallen haben? Mit diesem Buch könnt ihr euch noch einmal auf eine kleine Zeitreise begeben und herausfinden, was 1972 zu einem ganz besonderen Hochzeitsjahr machte. Viel Spaß dabei!

POLTERABEND

Es am Vorabend der Hochzeit noch einmal krachen zu lassen ist ja schön und gut. Leider gehört zu dem Ritual auch das Aufräumen danach.

UNBESCHWERT

Wo habt ihr euch kennengelernt und was habt ihr bei euren ersten Verabredungen zu zweit unternommen?

ROMANTISCHER AUFTAKT

In den kommenden 50 Jahren werdet ihr vermutlich noch weitaus mehr teilen als nur Zuckerwatte.

1972

HOCHZEIT

Ihr traut euch!

EIN BUND FÜRS LEBEN

Bis euer großer Tag ansteht, müsst ihr viele Entscheidungen treffen. Heiratet ihr nur standesamtlich oder auch in der Kirche? Im kleinen Kreis oder mit allen Bekannten und Verwandten? Ladet ihr nach der Trauung zu Kaffee und Kuchen ein oder veranstaltet ihr ein rauschendes Fest mit Hochzeitsmenü? Und die Braut beschäftigen wahrscheinlich noch weitere wichtige Punkte. Im weißen Kleid zum Standesamt oder erst in die Kirche?

In Zeiten, in denen sich immer mehr Paare ganz gegen die Ehe entscheiden, sinkt der Druck, eine aufwändige Märchenhochzeit zu feiern. Und auch die Hippie-Bewegung hatte einen Einfluss darauf, dass es mittlerweile nicht mehr ganz so wichtig ist, dass alle Traditionen unbedingt befolgt werden. Ganz egal, wofür ihr euch am Ende entscheidet: Als es endlich so weit ist, seid ihr wahrscheinlich ohnehin zu nervös, um Details wahrzunehmen. Und das Wichtigste ist rückblickend sowieso, dass ihr damals die richtige Entscheidung getroffen habt – schließlich geht ihr immer noch Hand in Hand durchs Leben.

Visum
Nr. VII/02/795/72
gültig für eine
Ausreise
nach – der B.R.D. –
zur Übersiedlung
für .... Tage
über die Grenzübergangsstelle
– Oebisfelde –
bis 31. August 1972
Gardelegen, den 22.06.1972
5,– M
Verwaltungsgebühr
Deutsche Demokratische Republik
Ministerium des Innern

LIEBE ÜBER UMWEGE

Manche Paare müssen auf die gemeinsame Zukunft lange warten. Wie Gisela W. und Manfred J., die acht Jahre durch die innerdeutsche Grenze getrennt sind, bis Gisela endlich eine Ausreisegenehmigung in die BRD erhält und sie 1972 heiraten können.

KÜSS MICH!

Jetzt gibt es kein Zurück mehr – zum Glück!

FAMILIENFÖRDERUNG

In der DDR werden seit diesem Jahr Ehekredite bewilligt. Wenn beide Partner unter 26 Jahre alt sind und das gemeinsame Monatseinkommen weniger als 1.400 Mark beträgt, haben sie Anspruch auf einen zinslosen Kredit in Höhe von 5.000 Mark.

Harte Kerle und viel nackte Haut

DIE KINOHITS 1972

Ein Kinobesuch ist 1972 nichts für zartbesaitete Gemüter. Die erfolgreichsten deutschen Produktionen „Lass jucken, Kumpel" und „Schulmädchen-Report. 3. Teil: Was Eltern nicht mal ahnen" fallen eher in die Kategorie Softporno, locken aber dennoch mehrere Millionen Zuschauer in die Kinos. Der absolut beliebteste Film des Jahres zeigt weniger nackte Haut, ist aber auch nichts für Sensibelchen. Immerhin prügeln sich Terence Hill und Bud Spencer in „Vier Fäuste für ein Halleluja" durch den Wilden Westen. Es ist die zweite Western-Parodie des Duos und eine Fortsetzung von „Die rechte und die linke Hand des Teufels". Dank eines Revivals in den 80er-Jahren belegt der Film bis heute den fünften Platz der Alltime-Kinocharts.

In Hollywood entsteht dieses Jahr ein moderner Klassiker der Filmgeschichte: „Der Pate" von Regisseur Francis Ford Coppola mit Marlon Brando und Al Pacino in den Hauptrollen. Nach anfänglicher Skepsis findet der Film sogar unter italienischen Mafiosi viele Fans. Einer nennt ihn „den besten Werbespot für die Mafia, der je gedreht wurde".

POLIZEI-THRILLER

„Brennpunkt Brooklyn" ist genau wie „Der Pate" eine Romanverfilmung, basiert aber auf wahren Begebenheiten und beleuchtet die Drogenszene New Yorks in den 60er-Jahren. Der Film erhält 1972 fünf Oscars, darunter Hauptdarsteller Gene Hackman für seine Rolle als Detective Jimmy Doyle.

WISST IHR'S?

Woher stammt Marlon Brandos Nachname?

Antwort: Von seinen Vorfahren aus Bayern, die den Namen „Brandau" trugen

WAS ELTERN NICHT MAL AHNEN

Der dritte Teil der Schulmädchen-Report-Reihe folgt dem bewährten Muster: In mehreren Episoden werden vermeintlich wahre Sexgeschichten nachgestellt und von einem „Reporter" aus dem Off kommentiert.

VETTERNWIRTSCHAFT

Während seine Tochter Hochzeit feiert, macht Don Vito Corleone Geschäfte im Hinterzimmer. 1973 räumt „Der Pate" bei den Oscars ab: Der Film ist in elf Kategorien nominiert und gewinnt in drei.

Romantik, Balladen und Glam Rock

MUSIKALISCHE VIELFALT

„Eine neue Liebe ist wie ein neues Leben" singt Jürgen Marcus 1972 und spricht damit wohl vielen verliebten Paaren aus der Seele. Auch wenn sein Lied in Deutschland sehr erfolgreich ist, reicht es doch nicht ganz für Platz eins der Hitparade. Hier dominiert ein anderer Titel. Die 16-jährige Juliane Werding landet mit ihrem Lied „Am Tag, als Conny Kramer starb" den Hit des Jahres. Sie besingt die Schattenseiten des Hippielebens, das für Conny Kramer in einer tödlichen Drogensucht endet. Dass sich das Lied ganze 13 Wochen auf Platz eins der Hitparade halten kann, mag auch daran liegen, dass vielen die Melodie schon von dem älteren Titel „The Night They Drove Old Dixie Down" vertraut ist.

Unterdessen arbeiten die Glamrocker von The Sweet auf ihren Karrierehöhepunkt hin. „Little Willy" und „Wig-Wam Bam" heißen die beiden Singles, die 1972 erscheinen und die Hitparaden stürmen. Auf ihren größten Hit „Ballroom Blitz" muss das Publikum noch bis nächstes Jahr warten. In Schweden stehen ebenfalls vier Musiker in den Startlöchern für eine große Karriere. Unter dem Namen „Björn und Benny, Agnetha und Anni-Frid" nehmen die beiden Paare, die später als ABBA bekannt werden, ihre erste Single im Studio auf.

DAS MÄDCHEN MIT DER GITARRE

Juliane Werding bekommt 1972 den goldenen Bravo Otto als beliebteste Sängerin des Jahres.

NUMMER-1-HITS IN DEUTSCHLAND 1972

Tony Christie: **Amarillo** · Daisy Door: **Du lebst in deiner Welt** · Middle of the Road: **Sacramento** Tony Marshall: **Komm gib mir deine Hand** Die Windows: **How Do You Do?** · Juliane Werding: **Am Tag, als Conny Kramer starb** · Daniel Boone: **Beautiful Sunday** · Christian Anders: **Es fährt ein Zug nach Nirgendwo** · Bata Illic: **Michaela** · T-Rex: **Metal Guru** · Mouth & McNeal: **Hello-A** · The Sweet: **Little Willy** · Hot Butter: **Popcorn** · The Sweet: **Wig-Wam Bam** · Wums Gesang: **Ich wünsch mir 'ne kleine Miezekatze**

NUMMER 2

Jürgen Marcus schafft es 1972 bis auf Platz 2 der Hitparade. Außerdem kann man ihn im Kino in dem Film „Heut hau'n wir auf die Pauke" sehen.

1972

MODE

Schick ins Eheleben

WICHTIGE MODISCHE ENTSCHEIDUNGEN

Die Mode der 60er-Jahre wirft noch immer ihre Schatten auf das neue Jahrzehnt. So ist beispielsweise der Minirock aus der Mode kaum noch wegzudenken. Allerdings gibt es mittlerweile wieder mehr Alternativen in der Rocklänge: Von Mini über Midi bis Maxi ist alles erlaubt. Neu ist der Stellenwert der Hose in der Damenmode und dass der Unterschied zwischen Herren- und Damenmode, zumindest bei der Jugend, immer stärker verwischt. Egal, ob für Männlein oder Weiblein, Jeans sind an der Hüfte hauteng und laufen nach unten hin in einem weiten Schlag aus. Ähnliches gilt für die Schuhmode. Damit ihnen die Freundin nicht zu sehr über den Kopf wächst, greifen auch viele Männer jetzt zu Schuhen mit hohen Plateausohlen und Absätzen.

Ein bestimmtes Kleidungsstück darf dieses Jahr in der Garderobe natürlich nicht fehlen: das Brautkleid. So vielfältig wie die Saumlänge sind mittlerweile auch die Möglichkeiten an Outfits, mit denen man vor den Traualtar treten kann. Der Klassiker bleibt der Kleinmädchentraum vom bodenlangen, weißen Spitzenkleid. Aber es gibt auch viele Bräute, die mehr Haut zeigen oder sogar ganz modern im Hosenanzug heiraten.

TRAUM IN WEISS

Für euren großen Tag haben die Pariser Designer auf alle Fälle das passende Kleid in petto. Die Frage ist, ob euer Geldbeutel genauso groß ist wie der Traum in Weiß.

UNTER DER HAUBE

Wie wäre es mit einer schicken Häkelmütze, nachdem der Schleier abgelegt wurde?

WISST IHR'S?

Welches Kleidungsstück durchläuft in der DDR Anfang der 70er-Jahre einen Wandel vom Symbol der Rebellion zum unverfänglichen Alltagsoutfit?

Antwort:
Die Jeans

MUCHO MACHO

Auch echte Männer dürfen sich in den 70er-Jahren zu mehr Farbe bei der Kleidung bekennen. Die Schnitte werden immer schmaler, die Haare etwas länger.

Alltagsflucht

AUF IN DIE FLITTERWOCHEN!

1972 macht ihr nicht irgendeinen Urlaub – die Flitterwochen stehen an! Nach dem Stress der Vorbereitungen und der ganzen Aufregung während der Feierlichkeiten habt ihr euch eine Auszeit in trauter Zweisamkeit redlich verdient. Die beliebtesten Reiseziele dieses Jahres sind altbekannte Dauerbrenner, allen voran Österreich mit seinen Skipisten und Wanderrouten. Für Freunde des sonnigen Strandurlaubs bleibt Italien das Nonplusultra, dort hat man sich schon voll und ganz auf die umsatzstarke deutsche Kundschaft eingerichtet. An der Adria wird im Sommer scheinbar überhaupt nicht mehr Italienisch gesprochen und das Verkehrschaos auf den Alpenpässen nimmt völlig neue Ausmaße an, wenn die massentouristische Blechlawine aus dem Norden angerollt kommt. Auch Frankreich, Spanien und Jugoslawien ziehen zunehmend Urlauber an. Die Grenzen Europas verlassen bislang nur wenige Mutige oder Gutbetuchte. Aber letzten Endes kann man sich natürlich auch in vielen hübschen Ecken Deutschlands eine ganz besondere Auszeit nehmen, oder?

STÄDTETRIP

Wer sich statt für Strand und Berge eher für Kulturtourismus interessiert, kann seine Flitterwochen natürlich auch in der Stadt der Liebe verbringen.

AUSGELASSEN

Ein paar unbeschwerte Tage lang muss man sich keinerlei Sorgen machen und kann das Leben in vollen Zügen genießen.

UNGESTÖRT

Je nachdem, wie eilig ihr es mit der Familienplanung habt, könnte dieser Urlaub der letzte sein, den ihr für lange Zeit zu zweit unternehmt.

Essen in Aspik

PARTYSNACKS À LA 1972

Zu einem rauschenden Fest gehört selbstverständlich auch das richtige Essen. Bei privaten Feiern bieten viele Gastgeberinnen mittlerweile lieber ein Buffet als ein festes Menü an. Hier findet jeder Gast etwas nach seinem Geschmack, die Köchin konnte alles vorbereiten und hat während der Party Zeit für ihre Gäste. Und wenn sie Glück hat, steuern diese sogar noch eigene Gerichte bei. Zu den üblichen Gerichten eines gutbestückten Buffets gehören Käseigel, Schinkenröllchen, Tomatenfliegenpilze und Schichtsalat. Auf keinen Fall fehlen darf eine Zutat: Ananas. Südfrüchte sind wortwörtlich in aller Munde, zumal sie als besonders gesund gelten. Da kann man schon verstehen, dass die deutsche Agrarwirtschaft ein bisschen nervös wird und das Gütesiegel „Markenqualität aus deutschen Landen" ins Leben ruft, um dem Trend zur Exotik Einhalt zu gebieten. Unbeabsichtigt entspricht diese Kampagne sogar schon den Grundpfeilern der Nouvelle Cuisine, die langsam auch nach Deutschland wandert und in den kommenden Jahren viele Anhänger finden wird. Sie fordert Gaumenfreuden aus regionalen, saisonalen und frischen Zutaten und propagiert den Einkauf auf dem Wochenmarkt.

EINE WACKELIGE ANGELEGENHEIT
Es gibt in den 70er-Jahren kaum eine Zutat, die nicht mit ein bisschen Gelatine veredelt werden könnte.

DIES UND DAS MIT ANANAS

Ob auf Toast Hawaii, im Obstsalat oder auch einfach nur als dekoratives Element, die Ananas schleicht sich dieser Tage in alle erdenklichen Gerichte ein.

EIN REZEPT FÜR JEDEN TAG

„Wir kochen gut" ist seit Anfang der 60er-Jahre das DDR-Kochbuch schlechthin. Die Rezepte werden von einem Expertenteam entwickelt und in der verlagseigenen Versuchsküche erprobt.

Böll & Bunnys

GROSSE FOTOS UND HOHE LITERATUR

Natürlich findet die sexuelle Revolution der 70er-Jahre nicht ausschließlich im Kino statt. 1972 kommt die erste Ausgabe des deutschen „Playboy" auf den Markt. In den USA erscheint das Erotikmagazin in rekordverdächtigen Auflagen und auch in Deutschland finden sich genug Abnehmer, die die Zeitschrift vielleicht nicht immer nur wegen der „interessanten Artikel" lesen.
Auch der deutsche Literaturbetrieb hat dieses Jahr Grund zur Freude: Mit Heinrich Böll wird zum ersten Mal seit Ende des Zweiten Weltkriegs wieder einem Deutschen der Literaturnobelpreis verliehen.

NACHKRIEGSLITERATUR

Heinrich Böll ist international hoch angesehen wegen seiner Romane, die anschaulich die Nachkriegsgesellschaft schildern. 1972 kommt es in Deutschland jedoch zu Kontroversen, als ihm unter anderem die Bild-Zeitung vorwirft, mit der RAF zu sympathisieren.

EIN HASE MIT STIL

Das Playboy-Bunny mit Fliege ziert schon seit der zweiten US-Ausgabe 1953 jedes Playboy-Magazin und auch auf der deutschen Erstausgabe darf es nicht fehlen.

Modernes Wohnen

DIE ÄRA PLATTENBAU

Babyboom und Zuwanderung machen sich auf dem Wohnungsmarkt schmerzlich bemerkbar: Die Städte platzen aus allen Nähten. Dementsprechend ambitioniert sind viele der neuen Siedlungsbauprojekte. Ganze Vororte und Trabantenstädte werden aus dem Erdboden gestampft, riesige Wohnanlagen aus Beton prägen die Szenerie. Wenn diese Wohnburgen auch nicht immer höheren ästhetischen Ansprüchen genügen, bieten sie doch erschwinglichen und oft komfortablen, weil modernen Wohnraum inmitten gut ausgebauter Infrastruktur. Und ein gewisses Händchen für geschmackvolle Inneneinrichtung gleicht eine trostlose Fassade sowieso allemal wieder aus.

TRABANTENSTADT

Zwar muss man sich in der Großwohnsiedlung wenig Platz mit vielen Menschen teilen, dafür ist die Infrastruktur besser ausgebaut als in vielen Reihenhaussiedlungen.

COCKTAILS IM KELLER

Wenn es der Platz hergibt, wird im neuen Eigenheim ein Teil des Kellers für einen Hobbyraum reserviert. Der perfekte Ort für viele Faschingsfeiern und die nun anstehende Einweihungsparty.

Teamarbeit

GELEBTE GLEICHBERECHTIGUNG

Für verheiratete Frauen spielt es keine Rolle mehr, denn sie legen mit der Hochzeit ohnehin den Status als Fräulein ab, aber Unverheiratete freuen sich vielleicht darüber, ab diesem Jahr unabhängig von ihrem Familienstand von Behörden als „Frau" tituliert zu werden. Das Fräulein wird endgültig als überholt abgeschafft.
Auch sonst stehen die Zeichen auf Veränderung. Alte Grundsätze des Ehelebens sind keineswegs mehr in Stein gemeißelt. Das ist vor allem der 68er-Bewegung zu verdanken, die eine neue Feminismuswelle mit sich gebracht und ein Umdenken in Angelegenheiten der Partnerschaft und Kindererziehung angeregt hat. Das heißt nicht, dass das Rad völlig neu erfunden wurde, in den allermeisten Fällen wird der Ehemann nach wie vor der Hauptverdiener sein. Aber dass beide Ehepartner für eine Weile arbeiten gehen, um vor dem Kinderkriegen ein ordentliches Finanzpolster anzulegen, war in der Vergangenheit weniger üblich. Und ist der Nachwuchs erst einmal da, schrecken auch Väter nicht länger vor einst reinen Frauenaufgaben wie Füttern und Wickeln zurück.

NACHWUCHS

Der Austausch mit anderen werdenden oder frisch gebackenen Eltern legt manchmal den Grundstein für langjährige Freundschaften.

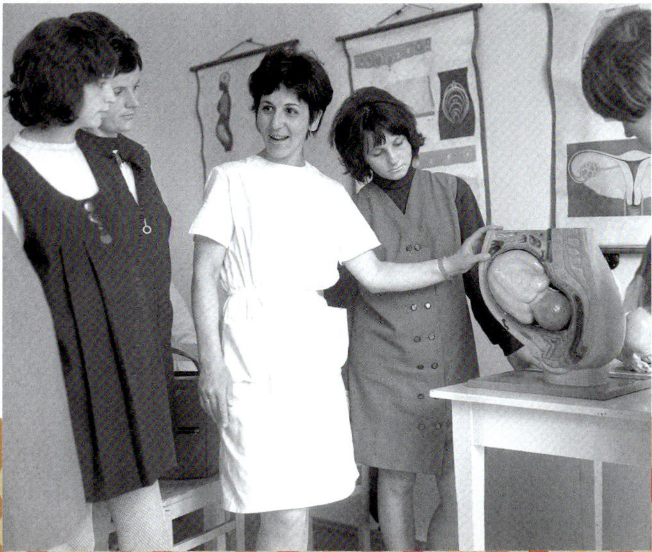

GUT VORBEREITET

In der DDR ist das Beratungsangebot für werdende Mütter besonders gut ausgebaut. Da kann doch fast nichts mehr schiefgehen!

IHR REICH

Am Ende übernimmt dann doch meist die frisch gebackene Ehefrau das Kochen. Das ist in kulinarischer Hinsicht vielleicht auch die weiseste Entscheidung ...

1972

Am 8. März heiraten der Herzog Don Alfons de Borbón y de Dampierre und die Franco-Enkelin Doña María del Carmen Martínez-Bordiú y Franco in Madrid. Die vom spanischen Diktator arrangierte Ehe zwischen Don Alfons und Doña María wird schon 1982 wieder geschieden und 1986 annulliert.

Für die italienische Sängerin und Schauspielerin Caterina Valente ist es bereits die zweite Ehe, als sie am 4. März den Komponisten und Pianisten Roy Budd in London heiratet. 1974 kommt der gemeinsame Sohn Alexander zur Welt. 1979 lässt sich das Paar scheiden.

Der ehemalige NASA-Astronaut Gordon Cooper und die Lehrerin Suzan Taylor geben sich am 6. Mai in Miami das Jawort. Cooper hat bereits aus erster Ehe zwei erwachsene Töchter, mit Suzan zieht er zwei weitere Töchter groß. Das Paar bleibt bis zu seinem Tod im Jahr 2004 verheiratet.

HOCHZEITEN DES JAHRES

Am 14. Juni heiraten die deutsche Sängerin Dunja Rajter und der englische Musiker John Leslie Humphreys, hierzulande besser bekannt unter seinem Künstlernamen Les Humphries. Sie bekommen einen Sohn, der später ebenfalls ins Popgeschäft eintritt. Die Ehe wird bereits 1976 wieder geschieden.

Der Pferdedresseur und Sohn der traditionsreichen Zirkusfamilie Knie, Fredy, heiratet im Juli in Luzern Mary-José Galland, die nicht in der Artistenwelt aufgewachsen ist. Nach der Hochzeit tritt auch sie regelmäßig in der Manege auf. Tochter Géraldine ist heute die künstlerische Leiterin des Circus Knie.

Mowbray Henry Gordon Howard, 6. Earl of Effingham, heiratet im Mai Mabel Suzanne Mingay Le Pen. Erst diese dritte Ehe wird bis zum Lebensende halten. Beide seiner vorherigen Ehen werden geschieden. Erstere, nachdem seine Frau mehrere Monate wegen Spionagevorwürfen inhaftiert war.

„The Games must go on"

DAS OLYMPIAJAHR 1972

Für Sportfans ist 1972 ein Jahr mit vielen Terminen vor Radio und Fernseher. Das Jahr beginnt mit den Olympischen Winterspielen in Japan. Es sind die ersten Winterspiele, bei denen die DDR unter eigener Flagge und mit eigener Nationalhymne antritt. Mit vier Goldmedaillen, drei Silber- und siebzehn Bronzemedaillen erreicht die Mannschaft den zweiten Platz im Medaillenspiegel hinter der Sowjetunion. Im Juni findet die Fußballeuropameisterschaft in Belgien statt, die die westdeutsche Mannschaft für sich entscheiden kann. Zu Trainer Helmut Schöns Team gehören so namhafte Spieler wie Gerd Müller, Franz Beckenbauer, Günter Netzer, Berti Vogts und Uli Hoeneß.

Den Höhepunkt des Sportjahres 1972 bilden schließlich die Olympischen Sommerspiele in München. Es werden die bisher größten Spiele mit 121 Mannschaften. Um sich bewusst von den letzten Olympischen Spielen auf deutschem Boden 1936 abzusetzen, wird in der grafischen Gestaltung auf die Farbe Rot verzichtet und Sicherheitsvorkehrungen werden bewusst lax gehalten. Das rächt sich, als am 5. September bewaffnete Mitglieder einer palästinensischen Terrorgruppe die israelische Mannschaft überfallen und in Geiselhaft nehmen. Beim missglückten Befreiungsversuch kommen alle Geiseln, Terroristen und ein deutscher Polizist ums Leben.

MASKOTTCHEN

Der Dackel Waldi begleitet die Olympischen Spiele in München als Maskottchen. Er ist das erste Olympia-Maskottchen der Geschichte.

ENDGÜLTIGE TRENNUNG

Vor 1972 durften die beiden deutschen Staaten nur unter einer gemeinsamen deutschen Olympiaflagge antreten. Als neutrale Hymne wurde die „Ode an die Freude" gespielt. Seit diesem Jahr treten BRD und DDR in zwei getrennten Nationalmannschaften auf, mit jeweils eigener Flagge und eigener Hymne.

WISST IHR'S?

Welches prominente, bis heute verheiratete Paar lernt sich bei den Olympischen Spielen in München kennen?

Antwort: Carl XVI. Gustaf und Silvia Sommerlath

EUROPAMEISTER

Beim 3:0-Sieg gegen die Sowjetunion erzielt Gerd Müller zwei Treffer. Das dritte Tor geht auf das Konto von Herbert Wimmer.

Abwechslung für Groß und Klein

KINDERFERNSEHEN AUF DEM VORMARSCH

„Der Weltraum. Unendliche Weiten ..." Diese Worte aus dem Off, die „Raumschiff Enterprise" einleiten, hören ZDF-Zuschauer 1972 zum ersten Mal. Das deutsche Fernsehen hat von den vorhandenen 79 Folgen der amerikanischen Weltraumserie zunächst 26 eingekauft und strahlt sie in gekürzter Fassung aus. Das Publikum hierzulande ist so begeistert, dass das ZDF nachlegt. Allerdings werden nicht alle Originalepisoden in Deutschland gezeigt, einige erscheinen den Programmmachern zu gewalttätig.
Auch jenseits dieser Vorsichtsmaßnahmen entwickelt sich das Fernsehprogramm immer kinderfreundlicher. Nachdem im Jahr zuvor „Die Sendung mit der Maus" in der ARD gestartet ist, folgen dieses Jahr gleich zwei weitere Kindersendungen. Der BR produziert die erste Folge von „Das feuerrote Spielmobil", das eine Anlehnung an die „Sesamstraße" ist. Im September läuft in der ARD der erste von vier Teilen von „Robbi, Tobbi und das Fliewatüüt" an. Die Verfilmung des gleichnamigen Kinderbuchs mit Puppen ist technisch ein Meilenstein im deutschen Fernsehen, weil die Kameraaufnahmen nicht mehr auf Film, sondern digital auf Magnetband gespeichert werden.

BESTE UNTERHALTUNG AM SAMSTAGABEND

Im DDR-Fernsehen startet 1972 eine neue Samstagabendshow. „Ein Kessel Buntes" entwickelt sich bald zur Institution.

PARALLELUNIVERSUM

Ein Amerikaner, ein Japaner, ein Schotte, ein Russe und eine schwarze Offizierin auf gemeinsamer Mission: Mitten im Kalten Krieg klingt dieses Szenario utopischer als viele Geschichten über weit entfernte Galaxien.

WISST IHR'S?

Wie kommt das Fliewatüüt zu seinem Namen?

Antwort:
Es **flie**gt, schwimmt auf **Wa**sser und fährt nur sehr langsam auf der Straße, weshalb andere Autos häufig „**tüt**en".

DAS WAR SPITZE!

Hans Rosenthal führt gemeinsam mit Monika Sundermann ab 1971 durch die Unterhaltungssendung „Dalli Dalli".

Der letzte Mann auf dem Mond

ENDE EINER ÄRA

Die NASA kann dieses Jahr endlich die Frage nach der Existenz von Marsmenschen beantworten. Die Raumsonde „Mariner 9", die sich seit 1971 in der Umlaufbahn des Mars befindet, kartografiert den Erdnachbarn und stellt fest, dass zumindest menschliches Leben wie auf der Erde dort nicht möglich ist. Eine andere Mission der NASA wird dieses Jahr beendet. „Apollo 17" ist bislang die letzte Mondmission der NASA, seitdem hat kein Mensch mehr die Mondoberfläche betreten. Die Crewmitglieder Harrison Schmitt und Eugene Cernan verbringen drei Tage auf dem Mond und damit länger als alle ihre Vorgänger.
Mit „Pioneer 10" startet am 3. März schließlich eine Raumsonde ihre Reise, die in fernere Gefilde vordringen wird als jedes von Menschen gebaute Flugobjekt zuvor. Die Sonde wird an Jupiter vorbeifliegen und auf den Rand unseres Sonnensystems zusteuern. Mit an Bord hat „Pioneer 10" eine kleine Plakette, auf der eine Botschaft an etwaige Außerirdische angebracht ist. Sollte eine intelligente außerirdische Lebensform die Aufschrift der Plakette entschlüsseln können, wäre sie mit ihrer Hilfe in der Lage, die Erde als Ursprungsort der Sonde zu lokalisieren.

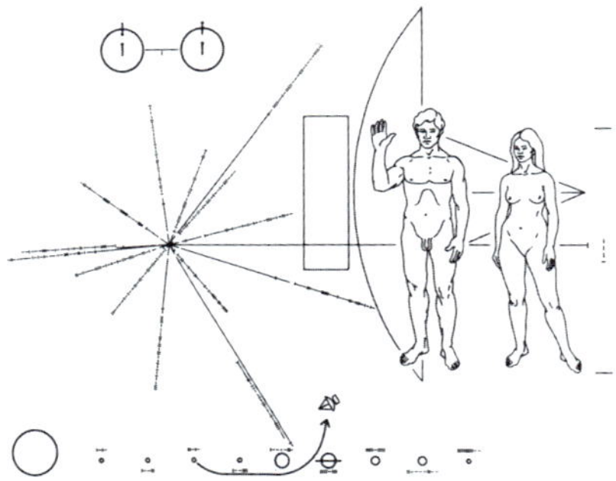

IST DA JEMAND?

Die Pioneer-Plakette zeigt stilisiert einen Mann und eine Frau, dahinter im richtigen Maßstab die Umrisse der „Pioneer 10". Außerdem ist unser Sonnensystem mit der Flugbahn der Sonde abgebildet, der Aufbau eines Wasserstoffatoms und die Position unserer Sonne in Relation zu 14 Pulsaren.

UNERMÜDLICH

Eigentlich ist „Pioneer 10" nur auf eine Lebensdauer von 21 Monaten ausgelegt, doch die Sonde bleibt bis 2003 auf Sendung. In einer Entfernung von zirka 12 Milliarden Kilometern bricht der Kontakt zur Erde schließlich ab.

BLUE MARBLE

Während der Apollo-17-Mission entsteht diese berühmte Aufnahme der Erde. Es ist das erste Foto der Voll-Erde, das Astronauten aufnehmen konnten.

Hallo, Herr Kaiser!

EIN NEUER WERBEBOTSCHAFTER

Im Vergleich zu heute werdet ihr von Fernsehen und Radio nur moderat mit Werbung beschallt, denn im öffentlich-rechtlichen Rundfunk und Fernsehen sind Werbezeiten streng reglementiert und Privatfernsehen gibt es noch nicht. Aber Werbebotschaften auf Plakatwänden und in Illustrierten können sich manchmal genauso gut einprägen wie ein freundliches „Sie baden gerade ihre Hände darin" im Fernsehspot. Und so lasst ihr euch vielleicht auch davon überzeugen, dass Bac „für alle da" ist, mit Tosca die Zärtlichkeit kommt und man bei Persil „weiß, was man hat".
Die Hamburg-Mannheimer Versicherungen rufen dieses Jahr im September eine Werbekampagne ins Leben, die bald als geflügeltes Wort in die deutsche Sprache eingeht: „Hallo, Herr Kaiser!" spricht nun nicht mehr nur die Träger dieses Namens an. Bis 2009 wird der Versicherungsvertreter von wechselnden Schauspielern verkörpert, die teilweise so großen Erfolg mit ihrer Rolle haben, dass sie auf der Straße erkannt und um Autogramme gebeten werden.

IN FORM

Gerade im Olympiajahr 1972 darf in der Werbung der Sport nicht zu kurz kommen. Schließlich will doch jeder so fit und gutaussehend wie die Athleten in München sein. Oder etwa nicht?

AUF DER HÖHE DER ZEIT

Habt ihr es auch gekauft, das Waschmittel der 70er-Jahre?

WISST IHR'S?

Wie heißt Herr Kaiser mit Vornamen?

Antwort:
Günter

DER LETZTE SEINER ART

Schauspieler Nick Wilder ist von 1996 bis 2009 der dritte und letzte Herr Kaiser.

1972

BLOODY SUNDAY

Bei einer friedlichen Demonstration am 30. Januar für Bürgerrechte und gegen die britische Internment-Politik in Derry, Nordirland, eröffnen Soldaten des britischen Parachute Regiments das Feuer auf die Demonstranten. 14 Menschen sterben, viele weitere werden verletzt. Der Blutsonntag markiert den Beginn des blutigsten Jahres im Nordirlandkonflikt.

GEWISSENSFRAGE

Am 9. März stimmt die Volkskammer der DDR über ein neues Gesetz zur Unterbrechung der Schwangerschaft ab. Das Gesetz führt eine Fristenlösung bei Schwangerschaftsabbrüchen für alle Frauen ein, im Gegensatz zur bisherigen indikationsbasierten Regelung. Zum ersten und letzten Mal gibt es bei einer Gesetzesabstimmung in der DDR Gegenstimmen und Enthaltungen.

WAS SONST NOCH GESCHAH

WANDEL DURCH ANNÄHERUNG

Mit dem Transitabkommen, das am 3. Juni in Kraft tritt, und dem Grundlagenvertrag, der am 21. Dezember geschlossen wird, gibt es zwei weitere Bausteine in Willy Brandts Ostpolitik, die die angespannten Beziehungen zwischen BRD und DDR in geregeltere Bahnen lenken. Das Transitabkommen regelt den Personen- und Güterverkehr von der BRD nach Westberlin, der Grundlagenvertrag bestimmt in zehn Artikeln die grundsätzlichen Beziehungen zwischen BRD und DDR.

WATERGATE

In der Nacht zum 17. Juni verhaftet die Polizei mehrere Einbrecher, die versucht hatten, in der Parteizentrale der Demokraten in Washington Abhörwanzen anzubringen. Ermittlungen ergeben, dass die Tat von Personen aus dem engsten Kreis des amerikanischen Präsidenten Richard Nixon geplant wurde. Nixon gewinnt zwar im November noch einmal die Präsidentschaftswahl, stolpert in der Folge aber über viele weitere politische Affären, die ihn 1974 zum Rücktritt zwingen.

1972 IHR HEIRATET

1972 – 2022

1973 FAHRVERBOT

Wegen der Ölkrise erlässt Deutschland an mehreren Sonntagen ein allgemeines Pkw- und Lkw-Fahrverbot.

1974 RUMBLE IN THE JUNGLE

Als erstes sportliches Großereignis Afrikas findet in Zaire der Jahrhundert-Boxkampf zwischen George Foreman und Muhammad Ali statt. Der Außenseiter Ali schlägt vollkommen unerwartet den als unbesiegbar geltenden Foreman.

1975 INTERNATIONALES JAHR DER FRAU

Die Vereinten Nationen rufen 1975 das Internationale Jahr der Frau aus. In Island beteiligen sich 90 Prozent aller Frauen an einem Frauenstreik, der das öffentliche Leben einen Tag lang zum Stillstand bringt.

1976 IN EINEM UNBEKANNTEN LAND

Die „Biene Maja" kommt ins Fernsehen. Das ZDF sendet zunächst eine Staffel der Zeichentrickserie. Nachdem die Zuschauer ihre Begeisterung äußern, wird eine zweite Staffel produziert.

1977 DEUTSCHER HERBST

Am 5. September entführen Terroristen der RAF Arbeitgeberpräsident Hanns Martin Schleyer. Am 18. Oktober wird er ermordet. Die Geiselnahme ist der Höhepunkt des linken Terrorismus im sogenannten Deutschen Herbst.

1978 DER HEILIGE STUHL

Nach nur 33 Tagen im Amt stirbt Papst Johannes Paul I. völlig überraschend. Sein Nachfolger ist nach 400 Jahren zum ersten Mal kein Italiener mehr, sondern Pole. Der Erzbischof von Krakau, Karol Wojtyła, wird als Johannes Paul II. vom Konklave zum Papst gewählt.

1979 FRAU AN DER MACHT

Margaret Thatcher wird die erste weibliche Premierministerin des Vereinigten Königreiches. Sie ist gleichzeitig die erste weibliche Regierungschefin in Europa.

1980 EIN OSCAR FÜR OSKAR

Als erster deutscher Film erhält „Die Blechtrommel" von Volker Schlöndorff einen Oscar in der Kategorie Bester fremdsprachiger Film.

1981 EIN NEUES ZEITALTER

IBM stellt mit dem IBM 5150 den ersten Personal Computer (PC) vor. Er hat noch keine Festplatte, sondern lediglich bis zu zwei Diskettenlaufwerke. Wirklich erschwinglich sind diese frühen Computer noch nicht. Gemessen an der heutigen Kaufkraft kostete ein IBM PC rund 8.800 Euro.

1982 REGIERUNGSWECHSEL

Bundeskanzler Helmut Schmidt verliert durch ein konstruktives Misstrauensvotum sein Amt. Sein Nachfolger wird der CDU-Politiker Helmut Kohl.

1983 STERN-AFFÄRE

Der Stern veröffentlicht Auszüge aus vermeintlichen Hitler-Tagebüchern. Kurze Zeit später wird klar: Die Journalisten sind einem Betrüger aufgesessen. Die Tagebücher stammen aus der Feder des Kunstfälschers Konrad Kujau, der sie dem Magazin für 9,3 Mio. DM verkauft hatte.

1984 KONTROVERSE

Nach vielen Diskussionen um die Zukunft des deutschen Fernsehens startet 1984 in Deutschland das Privatfernsehen. Die neuen Sender Sat. 1 und RTL finanzieren sich nicht über Rundfunkgebühren, sondern über Werbeeinnahmen.

1985 VERSENKT

Am 10. Juli versenkt der französische Geheimdienst das Greenpeace-Schiff „Rainbow Warrior" im Hafen von Auckland. Bei den Explosionen kommt der Greenpeace-Fotograf Fernando Pereira ums Leben.

1986 SUPER-GAU

Nach einer Kernschmelze kommt es im ukrainischen Atomkraftwerk Tschernobyl zum Super-GAU. Die freigesetzte Strahlung verseucht nicht nur die unmittelbare Umgebung, sondern gelangt mit dem Regen auch bis nach Deutschland.

1987 RISKANT

Der deutsche Hobbypilot Mathias Rust landet mit seiner Cessna auf dem Roten Platz in Moskau. Für das unerlaubte Eindringen in den sowjetischen Luftraum wird er zu vier Jahren Lagerhaft verurteilt, kann aber nach 14 Monaten nach Deutschland zurückkehren.

1988 SENSATIONSFUND

Archäologen graben in Niederösterreich „Fanny – die tanzende Venus vom Galgenberg" aus. Das Figürchen stellt sich als damals älteste bekannte Statue der Menschheitsgeschichte heraus und ist um die 30.000 Jahre alt.

1989 MAUERFALL

Am 9. November öffnet die DDR ihre Grenzen zur BRD. Tausende strömen in den Westen und feiern auf der verhassten Mauer ihre neu gewonnene Freiheit. Ein Jahr später wird Deutschland wiedervereint.

1990 ZWEIMAL FEIERN

Der 17. Juni wird zum letzten Mal als arbeitsfreier Feiertag begangen. Am 3. Oktober wird zum ersten Mal der „Tag der Deutschen Einheit" gefeiert, der künftig den 17. Juni als Nationalfeiertag ersetzt.

1991 IMMER SCHNELLER

Die Deutsche Bahn nimmt die ersten Hochgeschwindigkeitstrassen in Betrieb. Der ICE erreicht Spitzengeschwindigkeiten von fast 300 km/h.

1992 BRANDSTIFTUNG

In Rostock-Lichtenhagen stecken Rechtsradikale ein Asylbewerberheim in Brand. Die Aktion wird von tausenden Schaulustigen und Sympathisanten begleitet, erst nach Tagen gelingt es der Polizei, die Situation unter Kontrolle und die Bewohner in Sicherheit zu bringen.

1993 NEUE POSTLEITZAHLEN

Ab 1. Juli gelten die neuen fünfstelligen Postleitzahlen. Die Umstellung von vier auf fünf Ziffern war durch die Wiedervereinigung notwendig geworden, da rund 800 Orte in Ost und West identische Postleitzahlen hatten.

1994 EPOCHALE WENDE

Nelson Mandela wird zum ersten schwarzen Präsidenten Südafrikas gewählt. Die Wahl ist ein Symbol für das endgültige Ende der Apartheid.

1995 VERKLEIDET

Das Künstlerpaar Christo und Jeanne-Claude verhüllt den Berliner Reichstag. Das Projekt hatte 23 Jahre Vorlaufzeit und lockt Besucher aus der ganzen Welt nach Berlin.

1996 VERHAFTET

In Belgien werden Marc Dutroux und zwei Komplizen festgenommen – zunächst nur im Zusammenhang mit der Entführung zweier Mädchen. Im Laufe der Ermittlungen enthüllt die Polizei ein unvorstellbares Ausmaß an Grausamkeit, das Entführung, sexuellen Missbrauch sowie Mord umfasst.

1997 TRAGISCHER TOD

Prinzessin Diana, die Exfrau des britischen Thronfolgers Prinz Charles, kommt bei einem Autounfall in einem Pariser Tunnel ums Leben. Ihr Fahrer hatte zuvor versucht, eine Gruppe Paparazzi abzuhängen. Das Staatsbegräbnis in London wird weltweit live übertragen und zu einem der größten Medienereignisse der Geschichte.

1998 ROT-GRÜN

Gerhard Schröder wird Regierungschef der ersten rot-grünen Bundesregierung. Er löst Helmut Kohl nach 16 Jahren als Bundeskanzler ab.

1999 BLACKOUT

Der CDU-Schatzmeister Walther Leisler Kiep wird wegen Steuerhinterziehung angeklagt. Im Zuge der Ermittlung kommt es zur sogenannten CDU-Spendenaffäre. Der ehemalige Bundeskanzler Helmut Kohl muss zugeben, in seiner Regierungszeit unversteuerte Parteispenden angenommen zu haben. Die Namen der Spender gibt er nicht preis.

2000 KEINE PANIK

Im Jahr 1999 zittert die Welt vor dem Millennium-Bug. Die sechsstelligen Datumsanzeigen vieler EDV-Systeme könnten beim Jahreswechsel 1999/2000 Probleme haben. Doch zum Glück kommt es zu keinen größeren Zwischenfällen.

2001 9/11

Islamistische Terroristen entführen vier Flugzeuge und verüben Anschläge auf öffentliche Einrichtungen der USA – unter anderem auf die Türme des World Trade Centers in New York. Insgesamt sterben bei den Anschlägen über 3.000 Menschen.

2002 NEUE WÄHRUNG

Zum 1. Januar wird in der Eurozone die neue gemeinsame Währung eingeführt. Bereits 1999 wurde der bargeldlose Zahlungsverkehr auf Euro umgestellt. In Deutschland ist nach der Umstellung oft vom Teuro die Rede, weil der Handel die Chance ergreift, seine Preise zu erhöhen.

2003 JAHRHUNDERT-SOMMER

Der Sommer 2003 sprengt sämtliche Rekorde. Im August liegen die Mittelwerte teilweise sechs Grad über dem gewöhnlichen Monatsmittel.

2004 GEFÄLLT MIR

An der Harvard-Universität startet der junge Student Mark Zuckerberg eine Internet-Plattform für seine Kommilitonen. Es ist der Grundstein des späteren sozialen Netzwerks Facebook, das heute weit über zwei Milliarden Mitglieder zählt.

2005 MAHNMAL

In Berlin wird das Denkmal für die ermordeten Juden Europas eingeweiht. Auf dem Areal in der historischen Mitte Berlins, in der Nähe des Brandenburger Tors, wurden 2.711 unterschiedlich große Betonstelen errichtet.

2006 ENDLICH FREI

Am 23. August kann die 18-jährige Natascha Kampusch nach 3.096 Tagen Gefangenschaft flüchten. Sie war im Alter von 10 Jahren auf dem Weg zur Schule entführt worden. Ihr Entführer stirbt kurz nach ihrer Flucht.

2007 WETTERKAPRIOLEN

In diesem Jahr wird Europa von Hitzewellen, Überschwemmungen und Stürmen heimgesucht. Der schwerste Sturm, der über Deutschland hinwegfegt, ist Orkan Kyrill.

2008 FINANZKRISE

Die US-amerikanische Bank Lehman Brothers meldet Insolvenz an. Die Weltwirtschaft, die schon seit 2007 in einer Krise steckt, wird dadurch nochmals schwer getroffen.

2009 FRÜHER TOD

Michael Jackson, der King of Pop, stirbt am 25. Juni im Alter von 50 Jahren. Als Todesursache wird eine Vergiftung mit dem Narkosemittel Propofol ermittelt, das Jackson gegen seine Schlafstörungen genommen hatte. Sein Leibarzt wird 2010 wegen fahrlässiger Tötung verurteilt.

2010 GRUBENUNGLÜCK VON SAN JOSÉ

Nach einem Bergschlag ist in einer Kupfer- und Goldmine in Chile eine Gruppe von Bergleuten eingeschlossen. Eine Suchbohrung befördert das erste Lebenszeichen ans Tageslicht: An dem Bohrkopf haben die Eingeschlossenen einen Zettel befestigt mit der Aufschrift „Uns 33 geht es im Schutzraum gut". Nach mehr als zwei Monaten können sie in einer aufwändigen Rettungsaktion befreit werden.

2011 GAU

Nach einem Erdbeben kommt es in Japan zu einem Tsunami, der weite Teile des Landes verwüstet. Auch das Kernkraftwerk Fukushima wird schwer beschädigt. Bei einer Explosion treten große Mengen radioaktiver Strahlung aus.

2012 DAS ENDE DER WELT

Nach dem Maya-Kalender bricht am 21. Dezember eine neue Zeitrechnung an. Dieses Datum ist Anlass für viele nicht ganz ernst gemeinte Weltuntergangsszenarien in den Medien. Wie erwartet bleibt das Großereignis aus.

2013 WHISTLEBLOWER

Edward Snowden, ehemaliger Mitarbeiter des US-Geheimdienstes NSA, enthüllt Spionagepraktiken der amerikanischen und britischen Geheimdienste. Monatelang befindet er sich auf einer spektakulären Flucht vor den Behörden, bis er in Russland Asyl erhält.

2014 'SCHLAND!

Bei der Fußballweltmeisterschaft in Brasilien wird die deutsche Mannschaft unter Trainer Jogi Löw Weltmeister. Legendär das Halbfinale Deutschlands gegen Brasilien: Die Heimmannschaft wird mit 7:1 Toren vom Platz gefegt.

2015 PERSON OF THE YEAR

Das US-amerikanische Time Magazine ernennt Angela Merkel zur „Person of the Year 2015“. Auf dem Cover der Zeitschrift erscheint ein extra zu diesem Anlass in Auftrag gegebenes Ölgemälde der deutschen Bundeskanzlerin.

2016 CAUSA BÖHMERMANN

Nachdem ein auf den türkischen Präsidenten Recep Tayyip Erdoğan abzielender Beitrag der Satiresendung „extra 3“ zu diplomatischen Verstimmungen führt, legt der ZDF-Moderator Jan Böhmermann nach und veröffentlicht in seiner Satiresendung ein Schmähgedicht auf Erdoğan, um die Grenzen der Pressefreiheit aufzuzeigen. Erdoğan leitet daraufhin rechtliche Schritte wegen Beleidigung ein.

2017 BREXIT

Entgegen allen Prognosen stimmen die Briten in einem Referendum im Sommer 2016 überraschend für den Austritt aus der EU. Es ist der erste Fall in der Geschichte der EU, in dem ein Land den Staatenbund verlassen möchte. Im Frühjahr 2017 beginnen die Austrittsverhandlungen.

2018 MARCH FOR OUR LIVES

Nach einem Schulmassaker in Parkland, Florida, mit 17 Toten schließen sich landesweit Schülergruppen und Unterstützer zu einer Protestbewegung zusammen, die für härtere Waffengesetze in den USA eintritt und fordert, dass sich die Regierung von der starken Waffenlobby distanziert.

2019 GROSSBRAND

Am Abend des 15. April bricht in Notre-Dame de Paris ein Feuer aus. Den rund 600 Rettungskräften gelingt es erst in den Morgenstunden des darauffolgenden Tages, den Brand vollständig zu löschen. Das Unglück löst internationale Anteilnahme aus, die weitläufigen Spendenaktionen für den Wiederaufbau der Kathedrale erfahren jedoch auch vehemente Kritik.

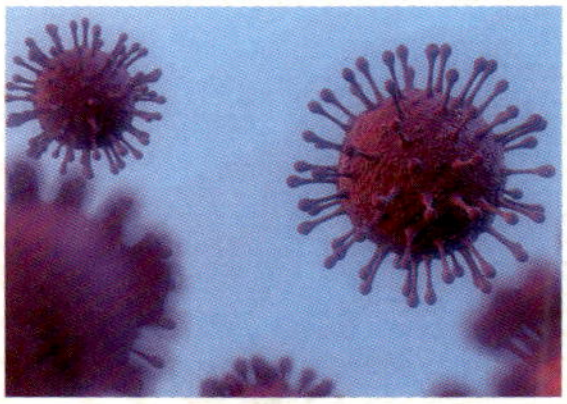

2020 COVID-19-PANDEMIE

Ende 2019 entwickelt sich ein neuartiges Coronavirus in China zur Epidemie und breitet sich 2020 binnen weniger Monate über die ganze Welt aus. Vielerorts werden strenge Hygienevorschriften und Kontaktbeschränkungen verhängt, um die Verbreitung der Atemwegserkrankung einzudämmen.

2021 PRÄSIDENT JOE BIDEN

Am 20. Januar wird Joe Biden als 46. Präsident der Vereinigten Staaten vereidigt. Während sein Amtsvorgänger Donald Trump nach dem Motto „America First“ regierte, verspricht Biden eine Rückkehr zu mehr internationaler Kooperation – etwa beim Klimaschutz-Übereinkommen von Paris oder bei der Unterstützung der WHO.

2022 IHR FEIERT GOLDENE HOCHZEIT!

50 gemeinsame Jahre

SCHÖN WAR DIE ZEIT!

Seit einem halben Jahrhundert teilt ihr nun schon euer Leben miteinander und seid gemeinsam durch Höhen und Tiefen gegangen. Auf den vergangenen Seiten konntet ihr euch vor Augen führen, was in dieser langen Zeit alles passiert ist, wie sich die Welt um euch verändert hat. Auf dieser Doppelseite ist noch ein wenig Platz für persönliche Erinnerungen: Fotos von damals und heute, Glückwünsche von Familie und Freunden oder auch Anekdoten aus eurer gemeinsamen Zeit.

Bildnachweis:
Coverfoto: H. Armstrong Roberts/ClassicStock/Kontributor/Getty Images;
Hintergrund: Shutterstock.com
Innenteil: Fotos: S. 43 o. Shutterstock.com, alle weiteren Fotos picture alliance;
Hintergründe und Dekoelemente: Shutterstock.com

Ein Imprint der Verlagsgruppe Droemer Knaur GmbH & Co. KG, München
Gesamtgestaltung: Karin Etzold
Text und Bildauswahl: Markus Dolinsky und Anna Pezold, Neumann & Kamp
Historische Projekte
Lektorat: Dr. Bettina Gratzki
Redaktion: Ellen Kuthe
Druck & Bindung: AZ Druck und Datentechnik GmbH, Kempten

978-3-629-00383-6
www.pattloch.de
5 4 3 2 1

MIX
Papier aus verantwortungsvollen Quellen
FSC® C008457